AF595252

Fortuné Henry

Communisme Expérimental

(Préliminaires)

PRIX : 10 CENTIMES

Édition

de la Colonie communiste d'Aiglemont (Ardennes)

1905 N° 1

PRÉLIMINAIRES

AU

COMMUNISME EXPÉRIMENTAL

L'économie sociale se débat dans un épouvantable chaos et dans la lutte pour la vie chacun rompt la lance pour un hypothétique bien-être. On est amené à penser une vie meilleure, à caresser le rêve de jouissances plus saines et plus intenses, à créer un idéal qui fasse oublier les tortures de la chair, les angoisses du cœur, les contraintes de l'esprit.

Je ne veux pas ici faire la critique du milieu anormal dans lequel nous vivons ; de plus autorisés que moi en ont flétri les infâmies et indiqué les erreurs.

Mais si nous refusons d'être aujourd'hui les Juvénal et de manier les étrivières, nous allons essayer de faire épouser nos convictions sur ce point délicat qu'est le passage de la théorie à la pratique en matière sociale.

Il est indiscutable que dans tous les domaines, économique, moral, intellectuel, une tendance s'affirme vers l'instauration d'une société plus humaine et plus harmonique.

I

NÉCESSITÉ D'ENTRER DANS LA VOIE EXPÉRIMENTALE

Chez ceux qui, réformistes, croient à la transformation possible de la société sans bouleversements sanglants, comme chez ceux qui, révolutionnaires, affirment nécessaire l'intervention de la grande accoucheuse : la force, pour aboutir à quelque chose, c'est dis-je la même préoccupation, le même souci de modifier et surtout de préparer la société de demain, de songer avec crainte ou avec assurance au jeu futur de la production et de la consommation.

Tous, bourgeois ou ouvriers, savants ou ignorants, sociologues ou indifférents ont leurs heures de trouble et de curiosité devant le problème qui se pose à notre génération.

Au sein de la vie épileptique de nos sociétés le sphinx se dresse devant tous demandant que ferez-vous ?

Alors chacun établit son système, les sectes s'affirment, les sentinelles perdues dont nous sommes jettent leur cri.

Et nous disons :

Par l'étude des tendances qui s'affirment dans toutes les branches de l'activité humaine, dans l'industrie, dans le commerce, dans les transports, dans la prise des plaisirs, nous constatons, après bien d'autres d'ailleurs, l'acheminement qui s'opère vers le communisme.

Aussi après Owen, Fourrier, Cabet, Morus, qui furent les initiateurs ou les expérimentateurs d'un communisme transitoire entaché d'autorité et de réglementation à outrance ; après le collectivisme régimentaire copie fidèle de la société moderne avec un seul exploiteur l'Etat, la théorie libertaire se présente demandant droit de cité.

*
* *

Le crédit de l'expérience et les moyens de la faire doivent être fournis aux partisans de la liberté absolue qui basent l'harmonie future sur le libre jeu des affinités et des énergies.

Tous les systèmes d'autorité ont été subis et nous prétendons qu'ils se ressemblent tous ; en tous cas ils ont tous produit les mêmes résultats : droits tyranniques pour les uns, obligations pour les autres.

Que les vexations soient imposées par le grand chef d'une tribu, par un monarque absolu ou constitutionnel ou au nom plus moderne d'un président de République, c'est toujours le grand nombre, les faibles et les déshérités qui les subissent.

Dans lequel de ces systèmes est la vérité ? Nul, je crois, ne le pourrait dire.

Et il est rationnel que la contre-partie de ces expériences séculaires subies se produise, que le système libertaire que l'on ne veut pas essayer en grand soit au moins examiné de près.

Certes de graves problèmes s'agiteront autour de ces tentatives, mais il est indispensable que notre sagesse s'y résolve.

Notre siècle est à l'expérience, toutes les sciences sont, avant l'appliqué, des sciences de laboratoire.

La science sociologique, elle, pour ses grands

maîtres de l'économie politique, dispose de la société elle-même, mais les tentatives nouvelles y sont interdites et elle se borne à être aujourd'hui une science d'observation et d'enregistrement. Les questions de salaire et de bénéfice, les rapports du travail et du capital absorbent toutes les attentions et ne permettent pas à l'esprit d'aller plus loin : il faut atténuer, chercher à résoudre, sans rien briser, en conservant toujours le même principe.

Or, et c'est là où notre recherche peut être utile, nous mettons en doute le principe d'autorité lui-même qui préside à tout et qui fait tout se mouvoir.

De négative notre théorie demande à devenir positive. Hier guerroyant contre l'autorité sous toutes ses formes, elle veut aujourd'hui édifier, mais édifier en liberté.

Il ne suffit plus de nier et de rejeter les aspirations libertaires en les taxant simplement d'impossibilités ; mais il ne faut pas que de notre côté nous partions sur des affirmations non contrôlées sous peine d'être nos propres dupes. Il ne faut pas que des années de lutte acharnée contre les régimes aboutissent à la marche volontaire à l'abri de mots non définis.

Il faut, pour que la philosophie libertaire s'adapte, et elle s'adaptera en cessant d'être la théorie de la pan-destruction pure, qu'elle s'attache par la preuve de l'expérience les consciences des milieux qu'elle a pénétrés.

Les événements eux-mêmes se chargent de nous appuyer ; le sentiment libertaire s'affirme de plus en plus dans les rapports économiques comme dans les manifestations les plus hautes des lettres et des arts.

L'ambiance est prête, les esprits sont mûrs pour que nous entrions de plein pied dans la sphère d'action et d'expérience, puissamment aidés que nous sommes par la crainte du demain économique gros d'imprévus et de dangers.

II

CE QUE NOUS ENTENDONS PAR ÉMANCIPATION

Avant de nous livrer à l'examen des questions que doivent tenter d'élucider les essais de communisme, il est indispensable de bien indiquer ce que nous entendons par émancipation.

L'émancipation que nous poursuivons, mais que nous n'avons pas la prétention d'atteindre à l'aide de nos tentatives, la libération complète de l'homme ne pouvant s'accomplir que par la libération entière de la société, correspond aux besoins mêmes de l'individu.

Ces besoins sont matériels, intellectuels et moraux.

J'exposerai d'une façon rapide ce que nous entendons par

A) *Emancipation matérielle ;*

B) *Emancipation intellectuelle ;*

C) *Emancipation morale.*

A) **Émancipation matérielle**

D'aucuns, par émancipation matérielle, entendent seulement celle qui consiste à libérer l'homme de son ventre, à l'empêcher d'avoir réellement faim.

Mais c'est un point acquis aujourd'hui, la société donne à tous les hommes, par le salaire ou par la charité administrative ou privée, l'indispensable fatalement nécessaire pour entretenir la machine humaine. Les salaires décroissent, mais en même temps les besoins se limitent et le prolétaire marche à la conquête d'un état où la soupe sera service public et le petit verre réjouissance accordée.

Mais ce n'est pas de cette émancipation que nous voulons faire la conquête. Nous avons la prétention à une vie plus saine et surtout plus normale. Tout ce qui touche à l'habitation, à l'hygiène, au sport, nous intéresse. Les améliorations que chaque jour la science apporte à la vie, nous les voulons.

Nous voulons pouvoir observer l'entière propreté du corps qui donne la propreté de l'esprit ; nous voulons l'habitation vaste, saine, bien aérée, qui donne la joie de vivre et le bonheur du « home » ; nous voulons, puisque c'est possible, avoir chaud quand il fait froid dehors ; nous voulons que notre digestion se fasse sans la précipitation obligatoire imposée par le travail d'aujourd'hui.

Nous voulons que les sports qui nous plaisent nous aident à développer nos muscles, que les poitrines ne se creusent plus et que les dos ne se voûtent à des labeurs que la machine peut faire.

Nous voulons que les criminelles morales de prohibition ne mettent plus entre les sexes la barrière des préjugés épouvantables et des contraintes inutiles.

Nous voulons être des hommes, rien que des hommes, mais tout à fait des hommes, et forcés par la nature à un labeur qui sera (nous le prétendons du moins) une joie, celle de créer, l'accomplir avec le plus de bonheur possible sans les obligations et les vexations imposées par des maîtres toujours injustes et jamais satisfaits.

Nous sommes les artisans de la production universelle, nous voulons avoir l'intégrale jouissance.

Et nous voulons tout cela parce qu'il est possible que tout le monde l'ait. Ce n'est pas un bonheur que nous voudrions voir passer de la classe bourgeoise à la classe ouvrière, mais s'étendre à tous les milieux.

Dans la société personne n'est heureux ; le riche accablé d'or, comme le miséreux le plus lamentable souffrent chacun à un pôle d'un monde que la soumission a bâti.

La science a délivré l'homme des fers qui le tenaient lié au travail pénible ; les muscles d'acier partout peuvent et veulent bien affranchir l'individu de la plus grande partie des efforts. Ayons donc l'intelligence de nous comprendre et émancipons-nous tous ensemble. C'est parfaitement possible et toutes les sociétés y tendent. Mais pour cela il faudra apprendre que *l'argent n'est pas mesure de bonheur et que la propriété individuelle est chez nous une survivance qui disparaîtra.*

Il est nécessaire par des essais opérés en toute franchise d'établir la formule de demain. C'est surtout à cela que tendent notre recherche et nos efforts. Eveiller chez les hommes les sentiments communs d'amour lié d'intérêt qu'ils possèdent tous pour les émanciper matériellement, telle est la première partie, et non la moindre, de l'œuvre que nous avons entreprise.

B) **Émancipation intellectuelle**

Que le premier milieu créé réussisse, que le triomphe économique s'accomplisse, que l'abondance fasse se resserrer les liens de cette nouvelle famille aux éléments divers, et immédiatement ce qui pouvait pour certains apparaître comme une simple entreprise agricole ou industrielle revêt les caractères d'un véritable événement social.

Le succès fera naître d'autres agglomérations d'hommes heureux ; ce sera la tache d'huile, rien n'étant contagieux comme l'exemple et enviable comme le bonheur.

Libérés des besoins impérieux de chaque jour, désormais satisfaits, dans quel sens se manifestera le surplus d'activité ?

Le nombre de nos milieux augmentant, voisinant, fédérés de fait, créeront un petit monde nouveau soumis à la curiosité de ceux qu'intéresse le développement des sociétés.

Ce sera la culture intensive du cerveau et chez des êtres sains et bons parce qu'heureux le désir d'apprendre et d'enseigner.

A l'orthodoxie et à l'ostracisme d'Etat qui pèse sur l'enseignement obligatoire, nous opposerons la méthode rationnelle de l'éducation libertaire.

Les jeunes esprits que nous aurons auprès de nous, nous pourrons les élever à l'abri des dogmes et des erreurs.

Nous connaîtrons le bonheur d'apprendre à des enfants à penser, d'éduquer en amusant, d'écarter pour nos chérubins les difficultés dont la route de la vie est semée.

L'aridité des leçons d'aujourd'hui sera remplacée par l'attrait que comporte l'enseignement libre.

Le temps que perdent les maîtres salariés d'aujourd'hui à enraciner dans les jeunes cerveaux le culte d'un dieu inutile et malfaisant, d'une erreur comme la patrie, d'une science de tuer indiquée comme devoir, nous l'emploierons vers l'utilité pure. Les sciences positives mises au point de leur compréhension seront nos plus sûrs auxiliaires, et l'observation bienveillante que l'on doit à ceux que l'on aime nos plus terribles pensums.

Nous tuerons chez eux les vestiges d'autorité qu'un fatal atavisme conservera un certain temps aux générations transitoires en n'en faisant pas des sergents, des caporaux et des moniteurs qui mollestent, en ne leur donnant point des places et des rangs qui faussent leur imagination.

Nous supprimerons ces règlements qui les blessent parce que nous en avons souffert, nous ouvrirons surtout notre esprit à tout ce qui en enseignement est novation heureuse d'où que cela vienne.

Ce sera alors devenue possible la méthode d'enseignement intégral rêvée par quantité de pédagogues.

Et c'est surtout dans un avenir rapproché la possibilité de jeter dans les jambes torses de notre mauvaise société de jeunes hommes virils qui seront les ardents apôtres et les propagateurs de ces nouveaux milieux qui peuvent et doivent exister.

*
* *

Dès maintenant y a-t-il des hommes de pensée en quantité suffisante pour établir un milieu intellectuel d'élite ? Y a-t-il déjà dans la légion qui se compose des heureux et des meurtris de la science, des lettres et des arts, assez d'êtres pour composer l'avant-garde de l'esprit.

Ces peintres qui ont un réel talent et sont obligés de prostituer leur art pour le louis que le marchand de tableaux leur jette ; ces écrivains dont on repousse les œuvres parce qu'elles ne rapporteraient pas autant que le dernier feuilleton du *Petit Journal ;* ces modestes chercheurs obligés d'interrompre leurs expériences parce qu'il faut avant tout s'occuper de manger ; tous ceux qui sont les trimardeurs de la pensée, que repoussent les portes bien closes des satisfaits et des arrivés, n'ont-ils pas eux aussi droit au bien-être et au développement de leur moi ?

Leur place fixe ou de passage, suivant leur goût, n'est-elle pas dans les milieux libres où leur art peut s'épanouir ?

Manque-t-on d'œuvres et d'ouvriers ? Non.

Les philosophes du dix-huitième siècle eurent leurs salons et leurs théâtres.

Les wagnériens ont leur Bayreuth.

Nous voulons pour nous et nous voulons donner aux autres les joies intellectuelles que notre siècle peut donner.

Nous voulons goûter directement aux belles musiques sans passer par le café-concert avaler du Polin.

Nous voulons le beau parce qu'il est beau.

Et c'est la possibilité d'avoir tout cela que nous appelons l'émancipation intellectuelle.

Or tout cela est possible et peut être vécu, ce n'est pas un tableau évoqué de pure imagination, beaucoup le désirent, personne ne le crie.

c) **Émancipation morale**

Pour arriver à modifier l'intellectualité, la moralité de notre époque, le travail à opérer paraît considérable.

Attendre en effet que par des voies différentes, avec les difficultés de diffusion qui sont liées à notre genre de vie, les esprits tendus vers le même but se rencontrent est à notre avis une modalité du fatalisme qui ne nous convient pas.

A travers des cabinets de travail, derrière des chaires, dans des coins de la vie, isolés, dans les balbutiements de la science de demain, des cerveaux pensent identiquement, ont des parallèlismes indéniables et par leur dispersion retardent un mouvement qui demande à s'affirmer parce qu'il est prêt à éclore et à entrer dans le domaine de la pratique.

Certains, seulement appréciés de quelques-uns, sont obligés de recommencer l'éternelle et ingrate besogne qui consiste à se débarrasser de quantité de préjugés, de lutter contre une ambiance mauvaise et rétrograde et perdent dans cette lutte une part de leur énergie et de leur individualité.

Par cette dispersion funeste, des hommes qui pourraient être des maîtres en la matière sont ignorés, noyés dans des milieux d'où les moyens actuels de diffusion ne peuvent les sortir.

Et alors que dans le domaine de l'éducation et de l'éthique des milliers de cerveaux sont isolément d'accord pour l'orientation à donner, pour la poussée à produire, nous assistons au spectacle épouvantable de voir chaque affirmation, chaque novation soulever le tollé général de l'ignorance et du faux-savoir intéressé.

Nos forces sont dispersées et les méthodes rationnelles qui doivent dégager l'esprit humain condamnées de ce fait à une gestation par trop prolongée.

Créer des milieux qui canaliseraient toutes ces virilités, qui réuniraient tous ces efforts, qui fourniraient à toute idée le moyen de surgir sans passer par l'incubation inutile imposée par des milieux réactionnaires, telle est la belle œuvre à accomplir.

*
* *

Dans le domaine moral, tout n'est-il pas à refaire ?

Comme suite aux errements économiques, aux erreurs intellectuelles, n'est-il pas fatal qu'il y ait le désarroi moral.

Dans une société bâtie de telle sorte que les plus intriguants, les moins scrupuleux, les plus dans le train tiennent les meilleures places, où les distinctions les plus hautes sont la récompense de l'hypocrisie et quelquefois de la sottise, se pourrait-il qu'il y ait une morale suffisante grâce à laquelle les sentiments ne se heurteraient pas ?

Vous parlez d'honnêteté, de probité et de droiture à l'enfant auquel vous apprenez le vol du commerce, vol qui se fait à l'abri de la loi et de votre morale d'épiciers.

Vous parlez de solidarité à ces hommes qui pour vivre, s'employer, se prostituer, sont contraints d'arracher à leurs semblables le labeur pour lequel eux-mêmes se sont déjà avilis.

Vous parlez du devoir des enfants à ces apprentis qu'un égoïsme bourgeois féroce dresse contre leurs parents à l'usine ou à l'atelier, à ceux que vous emploierez à vingt sous par jour concurremment à leurs auteurs à qui vous donniez cent sous.

Vous parlez de pitié et d'amour filial à ce vigoureux nubile de vingt ans que vous armez criminellement sous la casaque moderne du forçat militaire et que vous placez devant son père, les jours de grève, dans l'attente des trois sommations.

Vous parlez de justice à ceux que vous traînez de prétoire en prétoire, à ceux dont le rapide voyage du violon à la cour d'assises se fait en passant par la correctionnelle, à ceux qui meurent de faim devant des tables trop garnies, à ceux que votre impitoyable individualisme condamne d'avance à disparaître comme s'ils étaient de trop au banquet.

Vous parlez de dévouement et d'altruisme à des êtres que vous contraignez à ne voir dans leurs contemporains que des compétiteurs, des ennemis qu'il faut vaincre pour pouvoir soi-même vivre.

Vous parlez de droits au peuple (souverain s. v. p.) qui n'en a qu'un : celui de choisir ses maîtres, autrement dit le droit de choisir la sauce à laquelle il désire être mangé.

Vous parlez de devoirs aux faibles seulement, aux déshérités, à ceux qui n'ont rien ; les droits étant réservés à ceux qui ont tout.

Votre morale veut que la jeune vierge, pour un peu d'or ou même pour le seul caprice de ceux dont elle est la propriété, soit livrée à un vieux pas trop sale.

Votre morale demande à la femme asservie la fidélité conjugale, la soumission aveugle, l'abnégation d'elle-même la plus absolue.

Votre morale vend comme au marché l'amour sous la forme de la prostitution ou du mariage.

Elle ment partout votre morale, elle ment toujours et elle ne peut arriver qu'à faire un monde d'hypocrites et de fourbes, d'arrivistes et de malheureux.

Vos églises s'arrachent les fidèles, vos autels réclament des victimes et la foule croyant être morale se prend au piège de votre dialectique et à l'amorce de vos formulaires.

*
* *

Renverser cet édifice de mensonges, détruire ce tissu de monstruosités dont nous sommes *tous* les victimes, voilà l'œuvre que réalisera le communisme.

Grâce à lui les hommes donneront cours aux sentiments naturels de mutualité, de solidarité qui constituent la *facilité* de vivre.

L'amour, base de toute conception, de toute tentative viable, reliera les humains dans une harmonie encore inconnue.

La notion du bien deviendra tangible puisque l'on comprendra enfin que le bonheur de tous est constitué des bonheurs particuliers et que faire mal c'est se nuire et nuire par conséquent aux autres.

Voilà l'émancipation que nous poursuivons, le mouvement que nous voulons déchaîner et pour la réalisation desquels des milieux communistes sont nécessaires.

Nous ne voulons, comme nous l'avons déjà dit, être des hommes, mais le plus possible des hommes.

En tout cas, essayer de faire mieux, c'est déjà je crois faire bien.

*
* *

Telle est la conception — trop rapidement exposée — que nous avons de l'émancipation à atteindre.

Nous sommes persuadés que toutes ces *tendances* sont à l'état potentiel chez beaucoup d'individus et qu'au bataillement lent auquel chacun se livre dans sa sphère peut et doit succéder une cohésion des forces qui nous donne la victoire.

La malhonnêteté de quelques-uns, la soif de jouir stupidement de beaucoup et l'ignorance crasse d'un plus grand nombre tiennent en arrêt le développement humain.

Au déchaînement des passions qu'ils opèrent, opposons les digues d'une éducation rationnelle, d'un savoir meilleur, d'aspirations plus saines et surtout d'un sentiment de liberté plus développé et nous entraînerons l'humanité vers une société meilleure, seule raison d'être de nos efforts.

III

QUELQUES PROBLÈMES QUI SE POSENT

Au début de cette rapide étude, j'ai indiqué la nécessité de nous livrer à des essais de communisme.

Il est surtout indispensable que ces essais soient faits en dehors des passions personnelles et dans l'unique souci d'en tirer des enseignements dans le but d'établir le plus exactement possible la formule de demain.

Il ne doit échapper à personne l'intérêt qu'il y a sinon à connaître comment le jour de la reprise des richesses sociales par le peuple les faits se produiront dans le domaine économique, intellectuel et moral, du moins comment ils ne devront pas se produire.

Et indépendamment de l'organisme nouveau à trouver, de la cellule primitive qui doit présider à la constitution de la société, il est, je le répète, du plus haut intérêt de connaître, d'approfondir et de chercher à résoudre les multiples problèmes qui se posent aux hommes de bonne foi, aux favorisés d'aujourd'hui comme à ceux qui attendent tout de la révolution.

Dans l'état actuel de notre développement organique social, j'estime que nous serions dans l'impossibilité matérielle d'opérer, *même momentanément*, une reprise et que, comme cela s'est produit jusqu'à présent, au lieu de recueillir les fruits d'une révolution, nous retomberions dans une réaction.

encore plus terrible que toutes celles qui ont suivi les mouvements populaires jusqu'à ce jour.

Rapidement nous allons indiquer déjà quelques-uns des problèmes qui se posent.

Nous n'avons pas la prétention de leur donner des solutions définitives, mais l'expérience permettra, par voie d'élimination, d'écarter certaines solutions préconisées ou certaines hypothèses trop tôt admises.

*
* *

A l'état de liberté l'homme sera-t-il assez raisonnable pour consentir la somme de travail compensatrice de sa liberté ?

Sans nous demander si l'individu vivant dans une société libertaire consentirait le labeur nécessaire pour assurer le bon fonctionnement de la production, bornons-nous à examiner l'attitude qu'il prendra dans un cadre restreint comme celui d'un milieu libre.

La paresse et le parasitisme qui fleurissent si bien dans notre société auront peu de prise dans des agglomérations peu nombreuses où le but — le bien-être commun — étant très déterminé, chacun sentira d'une façon immédiate que l'effort est utile et doit être dirigé dans tel sens.

On œuvrera pour des êtres que l'on aime, on s'ingéniera pour que les efforts ne soient pas perdus, on verra d'une façon immédiate un résultat utile à tous les membres de la petite collectivité.

Savoir que l'on travaille pour soi et cette autre forme de soi : les siens ; avoir la conviction intime que le produit de son travail n'ira pas à un ennemi de caste, à un individu qui n'a rien fait pour le mériter et qui considère le labeur comme un devoir pour nous, un droit de jouir pour lui, une tare indélébile qui marque notre classe ; avoir la certitude que notre travail sera une source de joie pour tous les nôtres, pour ceux que notre affection entoure et qui font partie intégrante de notre vie, ce sont là les facteurs les plus sûrs de l'activité de chacun.

De plus ne pas fournir le travail indispensable au triomphe économique qui doit assurer le bien-être le plus complet possible, serait se condamner à retourner dans le bagne d'hier, à se rejeter dans la société qu'en toute liberté d'esprit nous ne demandons qu'à fuir.

Et puis, moyennant un effort qui en somme est minime, nous nous assurons le droit d'aller, de venir, de faire tout ce qui nous plaît, de ne recevoir et de ne nous soumettre à aucun ordre.

Moyennant cet effort, nous avons la suprême satisfaction de n'être redevables à personne de tout ce dont nous jouissons, nous ne craignons pas le reproche d'un camarade à la charge duquel nous mettrait notre paresse. Notre travail nous libère de tous, nous élève à nos propres yeux et nous rend meilleurs parce que utiles.

*
* *

Le travail est-il une peine. Travail intégral.

Le travail, on ne saurait trop le dire, est toujours une peine lorsqu'il est imposé, il dégrade dans notre morale bourgeoise celui que les exigences de la vie obligent de s'y astreindre ; il répugne par sa monotonie et pèse par les obligations inutiles qu'il comporte.

Mais nos civilisations l'ont défiguré complètement en en faisant une punition, un esclavage. Tel qu'il est pratiqué, le travail est humiliant et porte tous les caractères d'une souffrance. Il faut commencer le labeur au moment précis où le sifflet ou la cloche l'indique, il faut le poursuivre en dépit des malaises qui peuvent nous survenir. Il faut participer à des travaux qui répugnent, à des travaux antisociaux. Il faut, pendant des semaines, pendant des mois, pendant des années, faire un travail identique, faire des mortaises si vous y êtes habile, ne faire que des écrous si vous y êtes adroit.

Tel travail qui peut-être vous plairait, vous le ferez de telle manière et non de telle autre, quand même vous pourriez économiser de la peine, quand même vous devriez le faire mieux, si telle est la volonté d'un contremaître ou le bon plaisir d'un commis.

Tel autre travail que la machine peut faire, vous l'accomplirez dans de mauvaises conditions avec toute la fatigue que le maître voudra bien vous imposer. Il y a de belles faucheuses pour coucher l'altier froment, qu'un enfant conduirait sans fatigue, vous ne vous en servirez pas ; dès l'aube, courbé sur la faulx, de ce mouvement rythmique qui brise les reins sous le soleil d'août qui tanne l'épiderme, vous peinerez seize heures et plus sans comprendre pourquoi, puisque des muscles d'acier peuvent remplir meilleur office que vous.

Des gâcheuses mécaniques brassent le mortier, mais vous ne vous en servirez pas davantage que de ces grosses machines qui, brisant la pierre, supprimeraient les trois quarts du travail des cantonniers.

Et ainsi de tout, chaque fois que la rapacité patronale aura intérêt à employer nos forces de préférence à celles de la machine, nous nous courberons sous la loi du travail, d'un travail exténuant, d'un travail de brute, d'un travail qui ne nous plaît pas et que l'on nous impose.

Oui, votre travail est une peine et une rude, mais ce n'est pas de celui-là que nous voulons parler quand nous disons qu'il est une joie en même temps qu'une gymnastique naturelle bien employée.

Quand il sera libre, le travail sera une récréation, il sera le remède le plus sûr contre l'ennui ; il développera l'initiative et pris à doses normales il ne sera plus le broyeur de vie.

Par le travail libre il est extraordinaire de constater ce que l'homme produit. Dès qu'un labeur le fatigue, il l'abandonne pour en prendre un autre qui lui sert de distraction.

Au lieu du manœuvre abruti qui fait toujours la même besogne, il devient l'ouvrier intelligent qui façonne, transforme et crée ; au lieu du spécialiste que son travail n'intéresse plus, il devient *l'intégral* qui fait de tout et que tout passionne.

Pour résumer, je dirai que libre le travail devient attrayant, passionnant même et qu'il développe chez celui qui le pratique toutes les facultés en même temps.

*
* *

De l'altruisme et de la solidarité.

Le communisme est de tous les modes d'association celui qui je crois est le plus favorable au développement du sentiment de solidarité.

Aider ses camarades dans toutes les circonstances où le besoin s'en fait sentir, c'est s'assurer une réciprocité qui vous sera utile. Chez tous les animaux, sauf chez l'homme d'ailleurs, le sentiment de solidarité est très développé parce qu'il est un des éléments les plus sûrs pour la conservation de l'espèce.

Les canards sauvages se liguent contre l'ours blanc et le font succomber sous leurs coups ; les chiens sauvages, dans l'Inde, viennent à bout des plus terribles tigres. C'est le sentiment de mutualité, de solidarité qui se manifeste à tous les degrés de l'échelle animale. Et les hommes, jusqu'à présent, échappent à cette sublime loi parce que des conventions stupides les parquent et les séparent.

Mais détruisons ces artificielles barrières et les humains s'habituant à voir dans leurs semblables des êtres dont le concours est également utile au lieu d'y chercher des ennemis, s'habitueront à s'aimer et vivront dans une harmonie où *l'altruisme* sera de règle, puisqu'au fond il n'est qu'un *égoïsme bien compris.*

C'est ainsi que des sentiments qui soulèvent notre admiration parce qu'ils sont rares dans la société actuelle où chacun est l'ennemi de tous, deviendront tellement ordinaires qu'ils constitueront la base nouvelle d'un monde où l'on sera heureux.

Mettre l'homme dans l'obligation d'être bon envers ses semblables sous peine de se nuire, c'est une solution qui n'est pas pour nous déplaire.

*
* *

Rapport des sexes. Crimes passionnels.

Le problème de l'harmonie prend toute son intensité dès que l'on parle des sexes.

Les moins pessimistes taxent d'utopie la prétention de réunir des hommes et des femmes sans que, sous l'empire des désirs et des passions, ils ne se déchirent et ne s'entretuent.

On veut b'en admettre que s'il ny a pas disette d'aliments, si tout est en abondance, les hommes s'entendront économiquement ; on veut bien reconnaître qu'une éducation plus normale de l'enfance nous conduira à une intellectualité meilleure, mais on se refuse totalement à accepter comme possible l'entente entre les hommes dès que la femme intervient.

*
* *

Cette question touche trop au communisme pour que nous la négligions.

Notre éducation, nos préjugés, l'importance que nous accordons à l'opinion des autres font que nous considérons la compagne ou le compagnon avec lequel nous partageons l'existence comme notre propriété la plus immédiate. « Ma femme », « mon homme », ce sont les expressions que les plus émancipés d'entre nous ne peuvent s'empêcher d'employer tout comme s'ils parlaient de leur mouchoir.

« Ma femme » implique dans l'esprit du mari l'obligation pour celle-ci de n'aimer que lui, de ne désirer que lui, de ne trouver bien que ce qu'il approuve, de lui vouer une fidélité qu'il est criminel de transgresser.

N'empêche que ce n'est là qu'un principe que la réalité se charge bien de démolir et pourvu que les apparences soient sauves, les neuf dixièmes des hommes se consolent de ce qu'on est convenu d'appeler leur malheur.

Dans ce qu'on nomme le monde, monsieur a sa maîtresse et madame peut coucher avec son cocher ; dans le peuple, malgré que ça se passe avec moins de Lubin et pas du tout de peau d'Espagne, la chose est identique.

Ce n'est pas une règle absolue, mais les exceptions ne pourraient ici comme par ailleurs que confirmer la règle.

*
* *

A un moment donné et par séries les amants se fâchent, le scandale quoique durant depuis toujours éclate et le vitriol, le revolver ou le couteau se mettent de la partie.

Nous pouvons affirmer que presque toujours c'est pour la galerie que se commet le drame. Mais l'infidélité étant déclarée immorale, le grotesque accolé à cette situation est tel que nous assistons à un phénomène incompréhensible.

Des êtres qui s'aimaient, qui se sont accordé mutuellement ce qu'il y a de mieux, des caresses, de la confiance, de la bonté, s'injurient, se salissent, se détestent sous prétexte qu'ils ont cessé de se plaire et tout cela parce que la mentalité imbécile de notre époque veut qu'il soit ridicule de n'être plus aimé.

L'erreur provient de ce que le sentiment qui accompagne toujours les rapports de l'homme et de la femme est surtout entaché d'exclusivité.

L'homme doit aimer une femme à l'exclusion de toute autre. Et c'est sans rire que nos moralistes nous prétendent qu'il y a des hommes et des femmes qui toute leur vie durant resteront fidèles à ceux ou à celles à qui ils ont voué leur amour.

Or dans leur esprit la fidélité se renferme toute dans l'acte coïtal, et c'est encore là une grossière plaisanterie.

Un simple désir, un frôlement, ou comme dirait Gavroche dans un langage plus imagé, un « petit béguin », constituent l'infidélité suffisante, l'adultère moral tout aussi grave que l'autre.

Or y a-t-il un être qui, sa vie durant, sera exclusivement accaparé par la même passion, prosterné aux pieds de la même idole sans que jamais un désir nouveau l'effleure et que l'hypothèse d'être un moment infidèle ne hante son cerveau ?

Puisque vous me lisez, lecteur ou lectrice, je veux bien admettre, si vous y tenez, qu'il y en a au moins un et, pour vous faire plaisir, sans vous connaître, je dirai même que c'est vous.

Mais il faut bien que la logique reprenne ses droits; si cet être existe, si réellement pendant toute une existence il a pu échapper à la loi du développement qui veut que, comme le corps, le cœur et le cerveau changent et se modifient, s'il a pu pétrifier ses sentiments et empêcher ses sens de parler autrement qu'en employant les mêmes termes, les mêmes hypocrisies adressés au même individu, et bien je dis que ce n'est pas un homme, que ce n'est pas une femme, mais que c'est un monstre.

L'exclusivité est déprimante et elle est inexacte lorsqu'elle s'applique à des êtres organisés.

La passion sera le dernier refuge de l'idée de propriété.

De nombreux préjugés serviront longtemps encore de barrière à une harmcnie durable, mais tout concourt à ce but, les mœurs d'abord, le sentiment de la liberté individuelle ensuite.

Peu à peu les voiles tombent, les yeux se désillent et s'il paraît grossier quelquefois, malvenu toujours, de dire ce que tout le monde pense mais ne veut pas avouer, cela n'empêche pas que l'idée fait son chemin et que tout arrive.

Dans notre société l'amour est contraint, des conventions sociales le condamnent à ne pas se manifester, des modes d'éducation immoraux paralysent les saines envolées et nous privent dans la lutte pour la vie de forces incalculables.

Des religions dépriment, des casernes vicient, des états économiques prostituent et la cupidité exploite le plus beau sentiment en l'atrophiant ou en le salissant.

Mais pour lui comme pour tout ce qui touche à l'homme, la régénération est dans la liberté.

IV

MILIEU HARMONIQUE ARTIFICIEL

Nous avons essayé de faire accepter par les esprits indépendants et libérés la nécessité dans laquelle on se trouve de changer la forme sociale, tant au point de vue des rapports économiques que des rapports moraux des hommes.

La constitution d'une société aussi différente de celle d'aujourd'hui sera le résultat d'une éducation spéciale grâce à laquelle les formes surannées de l'appropriation, des rapports des sexes et de l'éthique actuelles changeront.

Or l'homme ne peut changer sans que l'on modifie le milieu dans lequel il vit et le milieu ne change qu'à la condition que les hommes qui le constituent soient modifiés.

Sur ce point chacun est d'accord.

Nous sommes donc enfermés dans un cercle vicieux que nous pouvons énoncer comme suit : changer l'homme pour modifier le milieu, modifier le milieu pour changer l'homme.

Si nous voulions confier au temps le soin de nous en sortir, nous pourrions prendre date chez nos arrière-petits-enfants ; des modifications lentes et successives se chargeraient peut-être bien de l'opération.

Mais nous sommes pressés de vivre et surtout de matérialiser nos conceptions.

Et la seule solution qui me paraisse logique, c'est de constituer le plus rapidement possible un milieu harmonique artificiel qui, lui, en vertu de l'influence du milieu sur l'ambiance, pourra agir simultanément dans deux sens également utiles, par voie d'éducation et par voie de rayonnement.

Par voie d'éducation, il agira directement sur les hommes qui vivront sa vie, sur ceux que les circonstances appelleront à partager certains travaux, à jouir de certains plaisirs.

Par voie de rayonnement, un milieu libre pénétrera de son action les centres qui l'environneront, que les besoins de tous les jours mettront en rapports avec lui. L'exemple contagieux se produira ; des soifs de bonheur s'éveilleront traduites rapidement par l'installation de nouveaux centres dont la constitution harmonique n'aura plus les mêmes tâtonnements, pour lesquels certaines épreuves du début seront adoucies, peut-être supprimées.

Contrairement à ce que l'on pourrait croire, le développement de nouveaux milieux, au lieu d'être une cause de désunion, sera une source nouvelle d'harmonie ; la diversité d'éléments constituera une garantie plus grande d'accord, la monotonie, l'ennui étant le plus grand des ennemis qui attende des hommes qui s'isolent même volontairement.

Il faut à notre existence l'aliment toujours nouveau des impressions, l'amplification ininterrompue de notre rêve.

*
* *

Le point le plus délicat, le travail le plus laborieux est sans contredit la constitution du milieu initial. Car il ne faut pas nous dissimuler les difficultés de la tâche ; avec des éléments imparfaits, munis des tares de la société que nous voulons réduire, il nous faudra bâtir la cité du rêve, dans laquelle les hommes donneront volontairement leur effort, sans s'occuper de ce que les autres consomment ; dans laquelle, faisant une évolution rapidement volontaire, il nous faudra faire abstraction des passions qui résultent d'une fausse morale et d'un prolongement de l'idée de propriété.

Arriver à comprendre que les êtres s'appartiennent complètement, que l'affection et l'amour sont des valeurs d'échange et des facteurs de bonheur général au lieu d'être la source de douleurs particulières, ce sera déjà la suppression presque complète des désaccords passionnels.

Je crois fermement, quels que soient les déboires et les difficultés qui attendent notre première tentative, difficultés et déboires qu'il ne faut pas se dissimuler qu'il y a en nous et autour de nous des éléments suffisants pour former la primitive cellule.

Mettons-nous donc à l'œuvre, notons rigoureusement avec l'exactitude qui convient à une expérience aussi grave les phénomènes qui se produiront, et si les circonstances voulaient un jour que les premiers à la tâche ne puissent poursuivre la route, des matériaux seront là tout prêts pour de nouveaux ouvriers de l'avenir.

Aiglemont, janvier 1905.

Fortuné HENRY.

EN VENTE A LA COLONIE D'AIGLEMONT

(Ardennes)

Cartes postales illustrees de la Colonie l'Essai, la série de six cartes........................ **0.50**

Par la poste........................ **0.60**

Communisme expérimental (préliminaires)... **0.10**

Le cent.......................... **7.» »**

www.ingramcontent.com/pod-product-compliance
Lightning Source LLC
LaVergne TN
LVHW021647170726
843501LV00007B/2460
* 9 7 8 2 3 2 9 6 4 7 1 7 3 *